에센스 이화 한국어

에센스 이화 한국어 1C (English Version)

지은이 이화여자대학교 언어교육원

펴낸날 1판 1쇄 2017년 1월 20일

펴낸이 권은미 **펴낸곳** 이화여자대학교출판문화원
주소 서울특별시 서대문구 이화여대길 52(우 03760) **등록** 1954년 7월 6일 제9-61호
전화 02) 3277-2965(편집), 02) 362-6076(마케팅)
팩스 02) 312-4312 **전자우편** press@ewha.ac.kr **홈페이지** www.ewhapress.com
책임편집 이혜지 **디자인** design **Vita**, 김리영, 강임순 **번역** 조윤정, 홍영예 **일러스트** 양승용, 김혜선

ISBN 979-11-5890-194-3 18710
978-89-7300-875-9 (세트)
값 13,000원

* 사진 촬영에 협조해 주신 Van Den Peereboom Gilles E. M., Qiao Shanshan, Biernath Anne Madlen, Suzuki Makiko, Ishizawa Shinji, Saygi Kemal 씨, 이화여자대학교 언어교육원 학생들과 이화여자대학교 학생들에게 감사를 드립니다.
* 잘못된 책은 바꾸어 드립니다.

이 도서의 국립중앙도서관 출판예정도서목록(CIP)은 서지정보유통지원시스템 홈페이지(http://seoji.nl.go.kr)와 국가자료공동목록시스템(http://www.nl.go.kr/kolisnet)에서 이용하실 수 있습니다. (CIP제어번호 : 2017000284)

본 교재의 듣기 자료는 MP3 파일로 되어 있으며 이화여자대학교출판문화원 홈페이지(www.ewhapress.com) 자료실에서 무료로 내려받을 수 있습니다.

ESSENCE
EWHA
KOREAN

이화여자대학교 언어교육원 지음
Ewha Womans University
Ewha Language Center

에센스 이화 한국어

1C

English Version

EPRESS

책을 펴내면서

이화여자대학교 언어교육원에서 2010년에 발간한 『이화 한국어(Ewha Korean)』는 지난 6여 년간 효율적이고 체계적인 학습으로 이끄는 한국어 교재로 인정받으며, 세계 각국에서 널리 사용되어 왔습니다. 그러나 이화여자대학교 언어교육원의 단기 과정과 같이 수업 시간이 길지 않은 과정에 적합한 교재가 필요하다는 생각으로 이화여자대학교 언어교육원에서는 『이화 한국어(Ewha Korean)』의 핵심 내용을 모아 담은 『에센스 이화 한국어(Essence Ewha Korean)』를 발간하게 되었습니다.

『에센스 이화 한국어(Essence Ewha Korean)』는 『이화 한국어(Ewha Korean)』의 필수적인 내용을 모아 1권과 2권의 내용을 총 6권으로 나누어 편집하였습니다. 『이화 한국어(Ewha Korean)』는 의사소통 중심의 교재로서 다양한 의사소통 상황 내에서 말하기 · 듣기 · 읽기 · 쓰기의 네 가지 언어 기능이 균형 있게 발전할 수 있도록 고안되었습니다. 『에센스 이화 한국어(Essence Ewha Korean)』도 『이화 한국어(Ewha Korean)』의 특징을 유지하며, 한국어를 처음 접하거나 학습 기간이 길지 않은 초급 학습자들이 한국어를 쉽고 재미있게 접할 수 있도록 구성하였습니다.

『에센스 이화 한국어(Essence Ewha Korean)』의 1A, 1B, 1C는 학습자의 요구와 편의를 고려하여 영어, 일본어, 중국어 간체와 번체로 번역을 넣어 4가지 버전으로 제작하였습니다. 반면 2A, 2B, 2C는 중급으로 가는 디딤돌의 역할을 할 수 있도록 번역 없이 한국어로 제작하였으며 문법 설명, 새 단어, 문화는 번역하여 부록으로 수록하였습니다. 앞으로 『에센스 이화 한국어(Essence Ewha Korean)』가 한국어 초급 학습자들의 한국어 실력을 향상시키는 데에 지름길이 되는 교재로 활용될 것이라고 기대합니다.

마지막으로 『에센스 이화 한국어(Essence Ewha Korean)』가 출간되기까지 이 책의 편집자들이 쏟은 열정과 노력에 대해서 깊은 감사를 드립니다. 또한 이 교재가 출판되는 데에 아낌없는 지원을 해 주신 이화여자대학교출판문화원에도 감사의 마음을 전합니다.

2017년 1월

이화여자대학교 언어교육원 원장

Preface

Ewha Korean which was published by Ewha Language Center in 2010 has been widely used all over the world while admitted as an effective and systematic Korean textbook. Nonetheless, we published *Essence Ewha Korean* which includes the core parts of *Ewha Korean* because there has been a strong need of a summarized version for a short-term course in Ewha Language Center.

Essence Ewha Korean is edited into 6 volumes extracting the fundamental parts from Volume 1 and 2 of *Ewha Korean*. *Ewha Korean* has been carefully designed to improve the four skills of listening, speaking, reading, and writing in a balanced way while providing a variety of communicative situations. *Essence Ewha Korean* is made up to help the beginners learn Korean more easily and enjoyably while maintaining the characteristics of *Ewha Korean*.

1A, 1B, and 1C of *Essence Ewha Korean* have been created into 4 versions by adding language support for English, Japanese, Simplified Chinese, and Traditional Chinese according to the learners' demand and for their convenience. On the contrary, 2A, 2B, and 2C have only the Korean version to carry out the role of a stepping stone to the intermediate level. We have included Grammar Explanation, New Vocabulary, Culture in a translated form in an appendix. Henceforth, *Essence Ewha Korean* will be a textbook which shows the beginners a short cut to success in Korean.

Finally, I want to express my deep appreciation to all the editors for their efforts, enthusiasm, and commitment devoted to publishing *Essence Ewha Korean*. I am also very grateful for the unstinting help and support from Ewha Womans University Press.

January 2017

Ewha Language Center Director

차례 Contents

교재 구성표 Table of Contents

내용 Contents

Part 2

말해 봅시다 Speaking	읽고 써 봅시다 Reading & Writing
약속 변경하기 Changing an appointment 표현 약속 변경을 제안하기 Suggesting a change of appointment 발음 좋아요[조아요]	약속에 관한 경험의 글 읽고 쓰기 Reading and writing about an appointment
목적지까지 가는 방법 묻기 Asking how to get to the destination 표현 지하철 이용 방법 말하기 Giving directions on using the subway 발음 국물[궁물]	관광 코스 소개의 글 읽고 쓰기 Reading and writing about a tourist course
전화로 메모 남기기 Leaving a message by phone 표현 전화 걸기 Making a phone call 전화해서 사람 찾기 Asking to speak to someone on the phone 메모 부탁하기 Asking someone to take a message	송별회 계획에 대한 글 읽고 쓰기 Reading and writing about plans for a farewell party
생일 파티 초대하기 Inviting someone to a birthday party 표현 주말 계획 묻기 Asking about plans on weekend	노래를 신청하는 사연의 글 읽고 쓰기 Reading and writing a letter to request a song on the radio
등산할 때 주의 사항 알려 주기 Informing people of the precautions when hiking 표현 주의 사항 묻기 Asking about matters to watch out for	규칙을 어긴 경험담 읽고 쓰기 Reading and writing about breaking the rules
동아리 활동에 대해 소개하기 Introducing club activities 표현 취미 말하기 Talking about hobbies 동아리 가입 권유하기 Encouraging someone to join a club 발음 가입하다[가이파다]	동호회를 소개하는 글 읽고 쓰기 Reading and writing about introducing clubs

교재 구성과 사용법 How to Use This Book

- 『에센스 이화 한국어 1C』는 1~6과로 구성되어 있습니다.
  Essence Ewha Korean 1C covers Units 1~6.

- 각 단원은 Part 1, 2로 구성되어 있습니다. Part 1은 문법, 어휘를 학습하는 부분이며 Part 2는 듣기, 말하기, 읽기, 쓰기를 학습하는 부분입니다.
  Each Unit is divided into two parts: Part 1 and Part 2. Part 1 covers grammar and vocabulary and Part 2 listening, speaking, reading and writing.

단원 구성 Composition of Units

단원 표지 Unit cover page

사진 자료로 단원의 내용을 알 수 있도록 보여 줍니다.
Photos are used to indicate the contents of the unit.

단원의 학습 내용과 목표를 알려 줍니다.
The contents and learning goals of each unit are explained.

Part1

'준비합시다'와 '어휘'로 구성되어 있습니다. '준비합시다'에서 3개의 문법을 학습해 보고, '어휘'에서는 각 단원 주제에 맞는 기본 어휘들을 학습합니다.

This part consists of preparation(준비합시다) and vocabulary(어휘) sections. The preparation section gives practice in 3 grammar points and the vocabulary section presents key words related to the unit.

문법을 학습하기 전에 학생이 문법의 쓰임과 의미에 대해 생각해 볼 수 있도록 간단한 질문을 제시했습니다.

Before studying grammar students are given simple questions that prompt them to think about grammar usage and meaning.

상황이 있는 그림과 예문으로 문법이 언제, 어떻게 사용되는지를 알려 줍니다.

Points on application of grammar including where and how it is used are shown through pictures and examples.

문법의 의미(쓰임)를 명확하게 알 수 있도록 설명을 제시했으며, 형태 정보를 도식화하여 간략하게 보여 주고 예를 제시했습니다. (N=명사, A=형용사, V=동사)

The meaning(usage) of grammar points is clearly explained, and information on forms is simply explained in diagram form with examples. (N=Noun, A=Adjective, V=Verb)

문법 연습을 말하기 활동으로 제시했습니다. 연습 방법을 알 수 있도록 번역된 지시문과 〈보기〉를 제시했습니다.

Grammar practice is given through speaking tasks. Instructions in the English translation and examples are given.

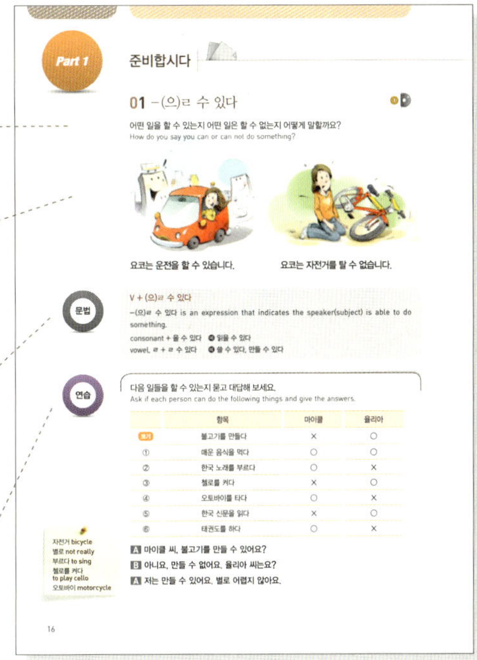
Part 1 준비합시다

01 -(으)ㄹ 수 있다

어떤 일을 할 수 있는지 어떤 일은 할 수 없는지 어떻게 말할까요?
How do you say you can or can not do something?

요코는 운전을 할 수 있습니다.　　요코는 자전거를 탈 수 없습니다.

문법

V + (으)ㄹ 수 있다
-(으)ㄹ 수 있다 is an expression that indicates the speaker(subject) is able to do something.
consonant + 을 수 있다　예 읽을 수 있다
vowel, ㄹ + ㄹ 수 있다　예 쓸 수 있다, 만들 수 있다

연습

다음 일들을 할 수 있는지 묻고 대답해 보세요.
Ask if each person can do the following things and give the answers.

	항목	마이클	율리아
보기	불고기를 만들다	×	○
①	매운 음식을 먹다	○	○
②	한국 노래를 부르다	○	×
③	첼로를 켜다	×	○
④	오토바이를 타다	○	×
⑤	한국 신문을 읽다	×	○
⑥	태권도를 하다	○	×

A 마이클 씨, 불고기를 만들 수 있어요?
B 아니요, 만들 수 없어요. 율리아 씨는요?
A 저는 만들 수 있어요. 별로 어렵지 않아요.

자전거 bicycle
별로 not really
부르다 to sing
첼로를 켜다 to play cello
오토바이 motorcycle

16

단원 주제와 관련된 어휘들을 그림과 함께 제시했습니다.

Key words related to the unit are given with pictures.

Part2

'들어 봅시다', '말해 봅시다', '읽고 써 봅시다'로 구성되어 있습니다.

This part consists of the listening(들어 봅시다), the speaking(말해 봅시다), and the reading & writing(읽고 써 봅시다) sections.

듣기 전 단계에서 활용하는 상황 그림과 질문입니다. 들을 내용을 예측하고, 어휘나 표현을 확인하는 데 도움이 됩니다.

These pictures and questions explain the listening situation. They give the students an idea of what to expect in the listening dialogue and check vocabulary and expressions.

듣기 단계에서 활용할 이해 확인 문제입니다. 무엇에 중점을 두고 들어야 하는지를 안내해 줍니다.

These questions test the students' understanding of the listening situation. They guide the students to the key points.

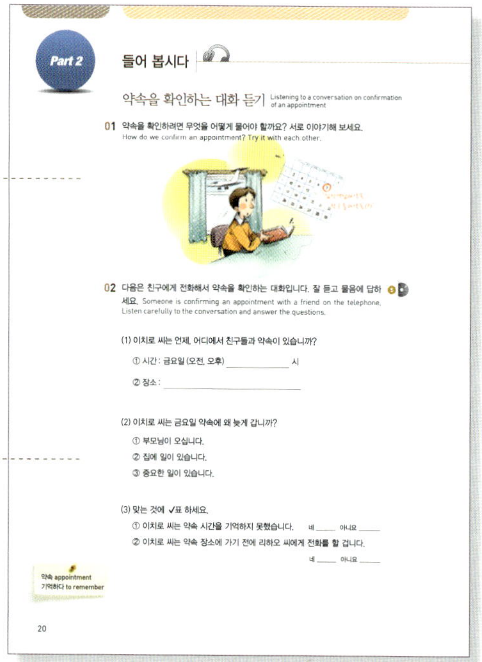

말하기 과제의 내용, 상황, 대화자의 역할을 그림과 설명으로 제시했습니다.

For the speaking tasks the content, situation and roles of speakers are explained with pictures.

모범 대화문을 학습하기 전에 주어진 역할에 맞게 대화를 만들어 보는 연습입니다. 말풍선에 제시된 핵심어를 보면서 두 사람이 대화를 만들어 봅니다. Try it은 암기에 의존하지 않고 스스로 대화를 주도하면서 구성하는 능력을 길러 줍니다.

Before studying the given dialogue students practice making up their own according to given roles. The students make up a conversation in the speech balloons following key instructions. "Try it" encourages students to speak without relying on memorization.

대화의 흐름과 주요 내용을 알려 주는 것으로 담화에 대한 이해력, 구성 능력을 길러 줍니다.

Students' understanding of dialogue and speaking ability is fostered by explaining the flow and major contents of the dialogue.

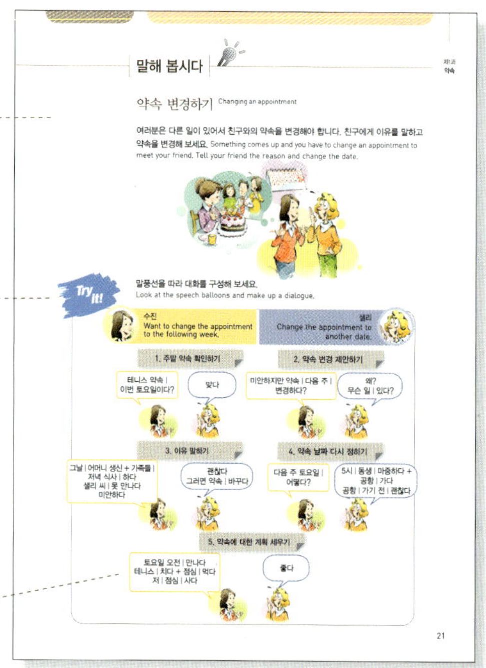

말하기 과제 수행에 필요한 기능 표현입니다. 살아 있는 표현들이므로 실생활에서 유용하게 사용할 수 있습니다.
Key expressions needed to carry out the speaking task are given. These expressions are useful in everyday life.

모범 대화문입니다.
Sample dialogue.

대화문에 포함된 주의할 발음에 대해 설명과 예를 제시했습니다.
Explanations of pronunciation in the dialogue and examples are given.

교실에서 사용할 수 있는 확장 연습을 제시했습니다. 상황에 맞게 변형하여 활용할 수 있습니다.
Suggestions for further practice are given. The points can be adapted to various situations.

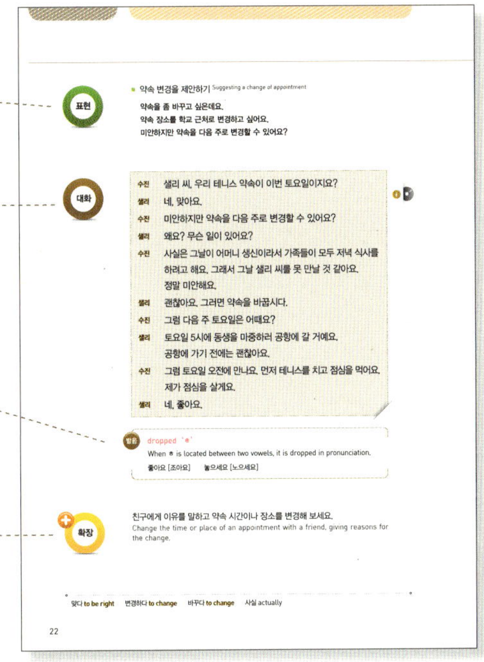

표현

약속 변경을 제안하기 Suggesting a change of appointment

약속을 좀 바꾸고 싶은데요.
약속 장소를 학교 근처로 변경하고 싶어요.
미안하지만 약속을 다음 주로 변경할 수 있어요?

대화

수진 셀리 씨, 우리 테니스 약속이 이번 토요일이지요?
셀리 네, 맞아요.
수진 미안하지만 약속을 다음 주로 변경할 수 있어요?
셀리 왜요? 무슨 일이 있어요?
수진 사실은 그날이 어머니 생신이라서 가족들이 모두 저녁 식사를 하려고 해요. 그래서 그날 셀리 씨를 못 만날 것 같아요. 정말 미안해요.
셀리 괜찮아요. 그러면 약속을 바꿉시다.
수진 그럼 다음 주 토요일은 어때요?
셀리 토요일 5시에 동생을 마중하러 공항에 갈 거예요. 공항에 가기 전에는 괜찮아요.
수진 그럼 토요일 오전에 만나요. 먼저 테니스를 치고 점심을 먹어요. 제가 점심을 살게요.
셀리 네, 좋아요.

발음 dropped 'ㅎ'
When ㅎ is located between two vowels, it is dropped in pronunciation.
좋아요 [조아요] 놓으세요 [노으세요]

확장

친구에게 이유를 말하고 약속 시간이나 장소를 변경해 보세요.
Change the time or place of an appointment with a friend, giving reasons for the change.

맞다 to be right 변경하다 to change 바꾸다 to change 사실 actually

22

읽기 전 단계에서 활용하는 활동입니다. 주제와 관련된 정보를 얻고, 어휘나 표현을 확인하는 데 도움이 됩니다.
This exercise gives students information related to the reading task and helps check vocabulary and key expressions.

다양한 유형의 글을 읽기 자료로 제시했습니다.
Various types of texts are presented as reading material.

읽기 단계에서 활용할 이해 확인 문제입니다.
These questions test the students' understanding of the reading material.

읽기 학습을 쓰기로 연결한 활동입니다. 읽은 글과 유사한 종류의 글을 써 보는 연습입니다.
This exercise links reading with writing. Students practice writing a passage similar to the one they have just read.

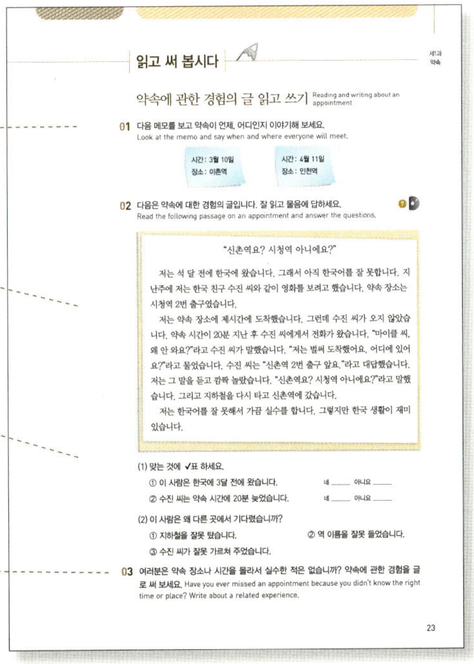

읽고 써 봅시다

제1과 약속

약속에 관한 경험의 글 읽고 쓰기 Reading and writing about an appointment

01 다음 메모를 보고 약속이 언제, 어디인지 이야기해 보세요.
Look at the memo and say when and where everyone will meet.

시간 : 3월 10일
장소 : 이촌역

시간 : 4월 11일
장소 : 인천역

02 다음은 약속에 대한 경험의 글입니다. 잘 읽고 물음에 답하세요.
Read the following passage on an appointment and answer the questions.

"신촌역요? 시청역 아니에요?"

저는 석 달 전에 한국에 왔습니다. 그래서 아직 한국어를 잘 못합니다. 지난주에 저는 한국 친구 수진 씨와 같이 영화를 보려고 했습니다. 약속 장소는 시청역 2번 출구였습니다.

저는 약속 장소에 제시간에 도착했습니다. 그런데 수진 씨가 오지 않았습니다. 약속 시간이 20분 지난 후 수진 씨에게서 전화가 왔습니다. "마이클 씨, 왜 안 와요?"라고 수진 씨가 말했습니다. "저는 벌써 도착했어요. 어디에 있어요?"라고 물었습니다. 수진 씨는 "신촌역 2번 출구 앞요."라고 대답했습니다. 저는 그 말을 듣고 깜짝 놀랐습니다. "신촌역요? 시청역 아니에요?"라고 말했습니다. 그리고 지하철을 다시 타고 신촌역에 갔습니다.

저는 한국어를 잘 못해서 가끔 실수를 합니다. 그렇지만 한국 생활이 재미있습니다.

(1) 맞는 것에 ✓표 하세요.
① 이 사람은 한국에 3달 전에 왔습니다. 네 ____ 아니요 ____
② 수진 씨는 약속 시간에 20분 늦었습니다. 네 ____ 아니요 ____

(2) 이 사람은 왜 다른 곳에서 기다렸습니까?
① 지하철을 잘못 탔습니다. ② 역 이름을 잘못 들었습니다.
③ 수진 씨가 잘못 가르쳐 주었습니다.

03 여러분은 약속 장소나 시간을 몰라서 실수한 적은 없습니까? 약속에 관한 경험을 글로 써 보세요. Have you ever missed an appointment because you didn't know the right time or place? Write about a related experience.

23

제1과

약속

Appointments

제1과 약속 Appointments

Part 1

준비합시다 1	-(으)ㄹ 수 있다
준비합시다 2	못
준비합시다 3	-기 전에
어휘	운동 Sports 악기 연주 Playing Musical Instruments

Part 2

들어 봅시다	약속을 확인하는 대화 듣기 Listening to a conversation on confirmation of an appointment
말해 봅시다	약속 변경하기 Changing an appointment
읽고 써 봅시다	약속에 관한 경험의 글 읽고 쓰기 Reading and writing about an appointment

Part 1

준비합시다

01 -(으)ㄹ 수 있다

어떤 일을 할 수 있는지 어떤 일은 할 수 없는지 어떻게 말할까요?
How do you say you can or can not do something?

요코는 운전을 할 수 있습니다.

요코는 자전거를 탈 수 없습니다.

문법

V + (으)ㄹ 수 있다

-(으)ㄹ 수 있다 is an expression that indicates the speaker(subject) is able to do something.

consonant + 을 수 있다 예 읽을 수 있다
vowel, ㄹ + ㄹ 수 있다 예 쓸 수 있다, 만들 수 있다

연습

다음 일들을 할 수 있는지 묻고 대답해 보세요.
Ask if each person can do the following things and give the answers.

	항목	마이클	율리아
보기	불고기를 만들다	×	○
①	매운 음식을 먹다	○	○
②	한국 노래를 부르다	○	×
③	첼로를 켜다	×	○
④	오토바이를 타다	○	×
⑤	한국 신문을 읽다	×	○
⑥	태권도를 하다	○	×

A 마이클 씨, 불고기를 만들 수 있어요?
B 아니요, 만들 수 없어요. 율리아 씨는요?
A 저는 만들 수 있어요. 별로 어렵지 않아요.

- 자전거 bicycle
- 별로 not really
- 부르다 to sing
- 첼로를 켜다 to play cello
- 오토바이 motorcycle

02 못

어떤 일을 할 의지는 있지만 능력이 없을 때 어떻게 말할까요?
How do you say you want to do something but are not able to do it?

A 마이클 씨, 수영할 수 있어요?

B 아니요, 수영 못 해요. 배우지 않았어요.

문법

못 + V

못 is used in front of the verb to indicate the speaker(subject)'s willingness to do something but inability to do it from lack of ability or for some other reason.

못 + 마시다 → 못 마시다　　운동 + 못 + 하다 → 운동 못 하다

연습

다음 제안에 이유를 말하면서 거절해 보세요.
Turn down the following suggestions and give the reasons for doing so.

	제안	거절 이유
보기	일요일에 등산 가다	다리를 다쳤다
①	토요일에 골프를 치다	회사에 중요한 회의가 있다
②	내일 아침에 수영하다	감기에 걸렸다
③	금요일 저녁에 만나다	선약이 있다
④	커피 마시다	요즘 위가 아프다
⑤	점심을 먹다	할 일이 많다
⑥	주말에 놀이동산에 놀러 가다	몸이 안 좋다

A 일요일에 같이 등산 갈까요?

B 미안해요. 제가 다리를 다쳤어요. 그래서 등산 못 가요.

- 다치다 to get hurt
- 중요하다 to be important
- 선약 previous engagement
- 위 stomach
- 점심 lunch
- 놀러 가다 to go for pleasure
- 몸이 안 좋다 to be sick

03 –기 전에

어떤 사실보다 먼저 일어난 행동에 대해 말할 때 어떻게 할까요?
How do we talk about something that took place before a certain action or situation?

A **친구들한테 언제 연락했어요?**

B **어젯밤에 자기 전에 전화했어요.**

문법

V + 기 전에

–기 전에 is an expression that indicates that a certain action or situation preceded another.

consonant + 기 전에 예 닫기 전에
vowel + 기 전에 예 보기 전에

연습

다음을 보고 언제 그 일을 했는지 묻고 대답해 보세요.
Look at the following table and say when the following activities took place.

	행동		
보기	수진 씨를 만나다	→	영화를 보다
①	숙제를 하다	→	모임에 가다
②	점심을 먹다	→	수영하러 가다
③	방 청소를 하다	→	저녁 식사를 준비하다
④	태권도를 배우다	→	대학교에 입학하다
⑤	머리를 자르다	→	사진을 찍다
⑥	슈퍼마켓에서 과일을 사다	→	산책하다

A **언제 수진 씨를 만났어요?**

B **영화를 보기 전에 만났어요.**

- 연락하다 to contact
- 입학하다 to be admitted to a school
- 머리를 자르다 to have one's hair cut
- 슈퍼마켓 supermarket

어휘

운동 Sports

축구를 하다

야구를 하다

농구를 하다

테니스를 치다

골프를 치다

스키를 타다

악기 연주 Playing Musical Instruments

피아노를 치다

기타를 치다

드럼을 치다

플루트를 불다

색소폰을 불다

바이올린을 켜다

Part 2

들어 봅시다

약속을 확인하는 대화 듣기 Listening to a conversation on confirmation of an appointment

01 약속을 확인하려면 무엇을 어떻게 물어야 할까요? 서로 이야기해 보세요.
How do we confirm an appointment? Try it with each other.

02 다음은 친구에게 전화해서 약속을 확인하는 대화입니다. 잘 듣고 물음에 답하세요. Someone is confirming an appointment with a friend on the telephone. Listen carefully to the conversation and answer the questions. 5

(1) 이치로 씨는 언제, 어디에서 친구들과 약속이 있습니까?

① 시간 : 금요일 (오전, 오후) ____________ 시

② 장소 : ______________________________

(2) 이치로 씨는 금요일 약속에 왜 늦게 갑니까?

① 부모님이 오십니다.

② 집에 일이 있습니다.

③ 중요한 일이 있습니다.

(3) 맞는 것에 ✓표 하세요.

① 이치로 씨는 약속 시간을 기억하지 못했습니다. 네 _____ 아니요 _____

② 이치로 씨는 약속 장소에 가기 전에 리하오 씨에게 전화를 할 겁니다.

네 _____ 아니요 _____

- 약속 appointment
- 기억하다 to remember

말해 봅시다

약속 변경하기 Changing an appointment

여러분은 다른 일이 있어서 친구와의 약속을 변경해야 합니다. 친구에게 이유를 말하고 약속을 변경해 보세요. Something comes up and you have to change an appointment to meet your friend. Tell your friend the reason and change the date.

Try it!

말풍선을 따라 대화를 구성해 보세요.
Look at the speech balloons and make up a dialogue.

수진
Want to change the appointment to the following week.

샐리
Change the appointment to another date.

1. 주말 약속 확인하기

수진: 테니스 약속 | 이번 토요일이다?

샐리: 맞다

2. 약속 변경 제안하기

수진: 미안하지만 약속 | 다음 주 | 변경하다?

샐리: 왜? 무슨 일 | 있다?

3. 이유 말하기

수진: 그날 | 어머니 생신 + 가족들 | 저녁 식사 | 하다 샐리 씨 | 못 만나다 미안하다

샐리: 괜찮다 그러면 약속 | 바꾸다

4. 약속 날짜 다시 정하기

수진: 다음 주 토요일 | 어떻다?

샐리: 5시 | 동생 | 마중하다 + 공항 | 가다 공항 | 가기 전 | 괜찮다

5. 약속에 대한 계획 세우기

수진: 토요일 오전 | 만나다 테니스 | 치다 + 점심 | 먹다 저 | 점심 | 사다

샐리: 좋다

표현

- 약속 변경을 제안하기 Suggesting a change of appointment

약속을 좀 바꾸고 싶은데요.
약속 장소를 학교 근처로 변경하고 싶어요.
미안하지만 약속을 다음 주로 변경할 수 있어요?

대화

6

수진 샐리 씨, 우리 테니스 약속이 이번 토요일이지요?
샐리 네, 맞아요.
수진 미안하지만 약속을 다음 주로 변경할 수 있어요?
샐리 왜요? 무슨 일이 있어요?
수진 사실은 그날이 어머니 생신이라서 가족들이 모두 저녁 식사를 하려고 해요. 그래서 그날 샐리 씨를 못 만날 것 같아요. 정말 미안해요.
샐리 괜찮아요. 그러면 약속을 바꿉시다.
수진 그럼 다음 주 토요일은 어때요?
샐리 토요일 5시에 동생을 마중하러 공항에 갈 거예요. 공항에 가기 전에는 괜찮아요.
수진 그럼 토요일 오전에 만나요. 먼저 테니스를 치고 점심을 먹어요. 제가 점심을 살게요.
샐리 네, 좋아요.

발음 **dropped 'ㅎ'**

When ㅎ is located between two vowels, it is dropped in pronunciation.

좋아요 [조아요] 놓으세요 [노으세요]

확장

친구에게 이유를 말하고 약속 시간이나 장소를 변경해 보세요.
Change the time or place of an appointment with a friend, giving reasons for the change.

· 맞다 **to be right** · 변경하다 **to change** · 바꾸다 **to change** · 사실 actually

읽고 써 봅시다

약속에 관한 경험의 글 읽고 쓰기 Reading and writing about an appointment

01 다음 메모를 보고 약속이 언제, 어디인지 이야기해 보세요.
Look at the memo and say when and where everyone will meet.

시간 : 3월 10일
장소 : 이촌역

시간 : 4월 11일
장소 : 인천역

02 다음은 약속에 대한 경험의 글입니다. 잘 읽고 물음에 답하세요.
Read the following passage on an appointment and answer the questions.

7

"신촌역요? 시청역 아니에요?"

저는 석 달 전에 한국에 왔습니다. 그래서 아직 한국어를 잘 못합니다. 지난주에 저는 한국 친구 수진 씨와 같이 영화를 보려고 했습니다. 약속 장소는 시청역 2번 출구였습니다.

저는 약속 장소에 제시간에 도착했습니다. 그런데 수진 씨가 오지 않았습니다. 약속 시간이 20분 지난 후 수진 씨에게서 전화가 왔습니다. "마이클 씨, 왜 안 와요?"라고 수진 씨가 말했습니다. "저는 벌써 도착했어요. 어디에 있어요?"라고 물었습니다. 수진 씨는 "신촌역 2번 출구 앞요."라고 대답했습니다. 저는 그 말을 듣고 깜짝 놀랐습니다. "신촌역요? 시청역 아니에요?"라고 말했습니다. 그리고 지하철을 다시 타고 신촌역에 갔습니다.

저는 한국어를 잘 못해서 가끔 실수를 합니다. 그렇지만 한국 생활이 재미있습니다.

(1) 맞는 것에 ✔표 하세요.

① 이 사람은 한국에 3달 전에 왔습니다. 네 ______ 아니요 ______

② 수진 씨는 약속 시간에 20분 늦었습니다. 네 ______ 아니요 ______

(2) 이 사람은 왜 다른 곳에서 기다렸습니까?

① 지하철을 잘못 탔습니다.
② 역 이름을 잘못 들었습니다.
③ 수진 씨가 잘못 가르쳐 주었습니다.

- 석 달 **three months**
- 아직 **yet**
- 출구 **exit**
- 제시간 **on time**
- 깜짝 놀라다 **to be surprised**
- 지하철 **subway**
- 가끔 **at times**
- 실수 **mistake**
- 잘못 **wrongly**
- 역 **station**

03 여러분은 약속 장소나 시간을 몰라서 실수한 적은 없습니까? 약속에 관한 경험을 글로 써 보세요. Have you ever missed an appointment because you didn't know the right time or place? Write about a related experience.

제2과

처음 가는 길

First Visit

제2과 처음 가는 길 First Visit

Part 1

준비합시다 1	(으)로
준비합시다 2	-(으)려고 하다
준비합시다 3	-아/어야 하다
어휘	교통수단 Means of Transportation
	교통 관련 어휘 Transport Related Words

Part 2

들어 봅시다	기차표 예매하는 대화 듣기 Listening to a conversation about booking a train ticket
말해 봅시다	목적지까지 가는 방법 묻기 Asking how to get to the destination
읽고 써 봅시다	관광 코스 소개의 글 읽고 쓰기 Reading and writing about a tourist course

Part 1

준비합시다

01 (으)로

8

여러분은 학교에 무엇을 타고 갑니까? 그 교통수단을 말할 때 어떻게 말할까요?
How do you get to school? How do you talk about different means of transportation?

A 마이클 씨는 학교에 어떻게 가요?
B 버스로 가요. 요코 씨는요?
A 저는 지하철로 가요.

N + (으)로

(으)로 is a particle indicating the means or method by which some action takes place.

consonant + 으로 예 트럭으로
vowel, ㄹ + 로 예 비행기로, 지하철로

연습

다음의 장소에 어떻게 가는지 이야기해 보세요.
Talk about the way to get to the following places.

A 공원에 어떻게 가요?
B 공원에 자전거로 가요. 집에서 가까워요.

- 버스 bus
- 트럭 truck
- 비행기 airplane

02 -(으)려고 하다

여러분이 수업 후에 무엇을 하려고 하는 의향을 나타낼 때 어떻게 말할까요?
How do you say what you plan to do after class?

A 요코 씨, 오늘 수업 후에 뭐 할 거예요?

B 동대문 시장에 가려고 해요. 수진 씨는요?

A 저는 도서관에서 공부하려고 해요.

문법

V + (으)려고 하다

-(으)려고 하다 is an expression indicating one's intent to do something.

consonant + 으려고 하다　예 먹으려고 하다, 읽으려고 하다
vowel, ㄹ + 려고 하다　예 가려고 하다, 살려고 하다

연습

다음 사람들의 계획과 그 계획을 위해서 준비하고 있는 것을 말해 보세요.
Talk about the following people's plans and what preparations they are making.

	이름	계획	준비
보기	마이클	차를 사다	저축하다
①	요코	살을 빼다	운동하다
②	수진	여행사에 취직하다	외국어를 공부하다
③	나타샤	운전면허증을 따다	운전 학원에 다니다
④	티엔	대학교에 입학하다	열심히 공부하다
⑤	왕카이	유럽 여행을 하다	유럽 역사를 공부하다

A 마이클 씨는 올해 어떤 계획이 있어요?

B 저는 차를 사려고 해요. 그래서 요즘 열심히 저축하고 있어요.

- 저축하다 **to save**
- 살을 빼다 **to lose weight**
- 외국어 **foreign language**
- 운전면허증 **driver's license**
- 따다 **to get**
- 다니다 **to go**
- 열심히 **hard**
- 유럽 여행 **travel in Europe**

03 -아/어야 하다

꼭 해야 하는 의무적인 일을 어떻게 표현할까요?
How do we express the idea that something must be done or is a duty?

A 오늘 오후에 같이 영화를 볼까요?

B 미안해요. 오늘은 안 돼요. 내일 시험이 있어서 공부해야 해요.

문법

V + 아/어야 하다

-아/어야 하다 is used to indicate that a certain action or state is necessary in a given situation. In colloquial speech -아/어야 하다 is often used in place of -아/어야 되다.

어간 'ㅏ', 'ㅗ' + 아야 하다 예 닫아야 하다　그 외 어간 + 어야 하다 예 열어야 하다

※ 하다 → 해야 하다　예 운동해야 하다

이다 → consonant + 이어야 하다　예 학생이어야 하다

vowel + 여야 하다　예 아이여야 하다

연습

다음 상황에서 어떻게 해야 하는지 묻고 대답해 보세요.
Ask and answer the questions about what has to be done in the following situations.

	상황	해야 할 일
보기	한국에서 운전을 하고 싶다	운전면허증이 있다, 길을 잘 알다
①	한국 대학교에 입학하고 싶다	한국어 공부를 열심히 하다, 입학시험에 합격하다
②	살을 3kg 빼고 싶다	매일 운동하다, 8시 후에 먹지 않다
③	중국에 여행가고 싶다	비자를 받다, 숙소를 미리 예약하다
④	도서관에서 책을 빌리고 싶다	학생증을 가져가다, 6시 전에 도서관에 가다

A 저는 한국에서 운전을 하고 싶어요. 어떻게 해야 돼요?

B 운전면허증이 있어야 해요. 그리고 길도 잘 알아야 해요.

- 열다 to open
- 알다 to know
- 입학시험 entrance examination
- 합격하다 to pass
- 여행가다 to take a trip
- 비자 visa
- 받다 to get, to receive
- 숙소 accommodation
- 미리 beforehand
- 학생증 student card
- 가져가다 to take

어휘

교통수단 Means of Transportation

11

버스

지하철

기차

자동차

택시

비행기

배

트럭

자전거

오토바이

교통 관련 어휘 Transport Related Words

길을 건너다

버스를 타다

버스에서 내리다

지하철을 갈아타다

지하철역

버스정류장

기차역

공항

교통카드

육교

지하도

횡단보도

Part 2

들어 봅시다

기차표 예매하는 대화 듣기 Listening to a conversation about booking a train ticket

01 이 사람들은 어디에서 무엇을 하고 있는지 함께 이야기해 보세요.
Talk about what the people below are doing and where.

02 다음은 기차역에서 기차표를 예매하는 대화입니다. 잘 듣고 물음에 답하세요. 12
Someone is booking a train ticket. Listen carefully to the conversation and answer the questions.

(1) 이 사람이 예매한 기차표로 맞는 것을 고르세요.

①	②	③	④
서울 → 부산 출발시간 : 10:00 도착시간 : 12:50 금액 : 52,200원	서울 → 부산 출발시간 : 10:50 도착시간 : 13:40 금액 : 52,200원	서울 → 부산 출발시간 : 10:00 도착시간 : 12:50 금액 : 51,200원	서울 → 부산 출발시간 : 10:50 도착시간 : 13:40 금액 : 51,200원

(2) 다음 중 맞는 것을 고르세요.

① 요코 씨는 기차표를 한 장 샀습니다. ② 요코 씨는 새마을호를 예매했습니다.
③ 요코 씨는 다음 주에 부산에 갑니다. ④ 토요일 오후 기차표는 매진입니다.

표현

■ 소요 시간 말하기 Saying how long something takes

A : 시간은 얼마나 걸립니까?
B : KTX는 2시간 50분 걸리고 새마을호는 5시간 걸립니다.

· 기차표 **train ticket** · 출발 **departure** · 도착 **arrival** · 금액 **cost** · 장 **counting unit for tickets**
· 새마을호 **Saemaul express (train)** · 매진 **sold out** · KTX **Korea Train Express** · 걸리다 **to take**

말해 봅시다

목적지까지 가는 방법 묻기 Asking how to get to the destination

여러분은 연극을 보러 대학로에 가려고 합니다. 친구에게 대학로까지 가는 방법을 물어 보세요. You are planning to go to Daehak-ro to see a play. Ask a friend how to get there.

Try it!

말풍선을 따라 대화를 구성해 보세요.
Look at the speech balloons and make up a dialogue.

마이클
Ask how to get to Daehak-ro.

수진
Tell how to get from Ewha Womans University to Daehak-ro by subway.

1. 교통수단 묻기

- 마이클: 대학로 | 연극 | 보다 / 학교 | 대학로 | 어떻게 가다?
- 수진: 지하철 | 가다 / 토요일이다 + 길이 막히다

2. 가는 방법 묻기

- 마이클: 지하철 | 어떻게 가다?
- 수진: 이대역 | 2호선 | 타다 / 동대문역사문화공원역 | 4호선 | 갈아타다 / 혜화역 | 내리다

3. 소요 시간 묻기

- 마이클: 시간 | 얼마나 걸리다?
- 수진: 30분쯤 걸리다

4. 인사하기

- 마이클: 멀지 않다 / 고맙다
- 수진: 연극 재미있게 보다

표현

■ 지하철 이용 방법 말하기 Giving directions on using the subway

이대역에서 지하철 2호선을 타세요.
동대문역사문화공원역에서 4호선으로 갈아타세요.

대화

13

마이클 오늘 대학로에서 연극을 보려고 해요.
그런데 학교에서 대학로까지 어떻게 가요?

수진 지하철로 가세요. 오늘은 토요일이라서 길이 막힐 거예요.

마이클 지하철로 어떻게 가요?

수진 이대역에서 2호선을 타세요.
그리고 동대문역사문화공원역에서 4호선으로 갈아타세요.
혜화역에서 내려야 해요.

마이클 대학로까지 시간이 얼마나 걸려요?

수진 30분쯤 걸려요.

마이클 여기에서 멀지 않군요. 고마워요.

수진 연극 재미있게 보세요.

발음 **Nasalization ②**

When the final consonant ㄱ is followed by ㄴ or ㅁ, it is pronounced as [ㅇ]. The ㄹ that immediately follows ㄱ is pronounced as [ㄴ].

국물 [궁물] 대학로 [대항노]

확장

서울의 지하철 노선도를 보고 경복궁이나 서울역 등에 어떻게 가는지 대화를 해 보세요. Look at a Seoul subway map and give directions on how to get to Gyeongbok-gung or Seoul Station.

· 대학로 **Daehak-ro** · 길이 막히다 **streets are jammed** · 동대문역사문화공원역 **Dongdaemun History & Culture Park Station**
· 혜화역 **Hyehwa Station** · 멀지 않다 **not to be far**

읽고 써 봅시다

관광 코스 소개의 글 읽고 쓰기 Reading and writing about a tourist course

01 다음은 서울의 관광지 중 하나입니다. 어디인지, 무엇이 있는지 지도를 보고 이야기해 보세요. The following is a tourist site in Korea. Look at the map and talk about where it is and what attractions there are.

02 다음은 서울의 관광 코스를 소개하는 글입니다. 잘 읽고 물음에 답하세요. 14
Read the following passage about a tourist course in Seoul and answer the questions.

경복궁에서 청와대까지의 관광 코스

여러분은 경복궁에서 청와대까지의 관광 코스를 알고 있습니까? 이곳은 걸어서 관광할 수 있습니다. 먼저 지하철 3호선을 타세요. 그리고 경복궁역에서 내린 다음에 5번 출구로 나오세요. 그러면 경복궁이 있습니다. 경복궁에서 옛 궁궐과 박물관을 구경하세요. 경복궁을 관람한 후에는 삼청동 길을 걸으세요. 삼청동은 맛집과 카페, 한국의 전통 한옥이 많습니다. 그래서 사람들이 맛있는 한식을 먹으려고 삼청동에 갑니다. 또 옷집, 신발 가게가 많아서 사람들이 쇼핑하러 많이 갑니다. 삼청동에서 식사를 한 다음에 근처를 구경하세요. 그리고 청와대 쪽으로 가세요. 청와대에는 한국의 대통령이 살고 있습니다. 청와대를 구경하고 싶으십니까? 그러면 청와대 홈페이지에서 미리 예약해야 합니다.

경복궁에서 청와대까지의 여행, 어떻습니까? 여러분도 한번 가 보세요.

(1) 이 글에서 소개하는 관광 코스를 순서대로 쓰세요.

____

(2) 맞는 것에 ✓표 하세요.

① 삼청동에는 식당이 많습니다. 네 ____ 아니요 ____

② 한국의 대통령은 경복궁에서 삽니다. 네 ____ 아니요 ____

③ 경복궁에서 청와대까지 걸어서 관광합니다. 네 ____ 아니요 ____

- 청와대 Cheong Wa Dae(presidential residence)
- 관광 tourism
- 옛 past
- 궁궐 palace
- 맛집 gourmet restaurants
- 한옥 traditional Korean house
- 대통령 president
- 홈페이지 homepage

03 여러분이 알고 있는 좋은 관광 코스를 소개하는 글을 써 보세요.
Write a passage about one of your favorite tourist courses.

제3과

전화와 메모

Telephone Calls and Memos

제3과 전화와 메모
Telephone Calls and Memos

Part 1

준비합시다 1	–(으)면
준비합시다 2	–아/어 주다
준비합시다 3	–(으)ㄹ게요
어휘	전화 관련 어휘 Telephone Related Words

Part 2

들어 봅시다	전화로 예약하는 대화 듣기 Listening to a conversation about making a reservation by phone
말해 봅시다	전화로 메모 남기기 Leaving a message by phone
읽고 써 봅시다	송별회 계획에 대한 글 읽고 쓰기 Reading and writing about plans for a farewell party

Part 1

준비합시다

01 -(으)면

15

어떤 계획을 실행하기 위한 조건을 어떻게 말할까요?
How do we talk about the necessary conditions to carry out a plan?

A 마이클 씨, 내일 등산을 갈 거예요?

B 네, 날씨가 좋으면 등산을 갈 거예요. 그렇지만 비가 오면 집에서 쉴 거예요.

문법

A/V + (으)면

-(으)면 is a word ending that indicates a condition or hypothesis regarding the following content.

consonant + 으면 예 맑으면, 먹으면
vowel, ㄹ + 면 예 흐리면, 살면

연습

다음 상황을 가정해서 계획을 말해 보세요.
Make plans with the following hypothetical situations.

주말 계획	보기	친구가 전화하다 ⇨ 친구와 영화를 보다 친구가 전화 안 하다 ⇨ 집에서 텔레비전을 보다	①	날씨가 덥다 ⇨ 수영하러 가다 비가 오다 ⇨ 볼링을 치러 가다
휴가 계획	②	비행기 표가 있다 ⇨ 고향에 가다 비행기 표가 없다 ⇨ 집에서 쉬다	③	휴가가 길다 ⇨ 유럽 여행을 하다 휴가가 짧다 ⇨ 국내 여행을 하다
졸업 후 계획	④	남자 친구가 청혼하다 ⇨ 결혼하다 남자 친구가 청혼 안 하다 ⇨ 유학을 가다	⑤	돈이 있다 ⇨ 사업을 시작하다 돈이 없다 ⇨ 취직하다

A 주말에 뭐 할 거예요?

B 친구가 전화하면 친구와 같이 영화를 볼 거예요.
그렇지만 친구가 전화를 안 하면 집에서 텔레비전을 볼 거예요.

- 등산을 가다 to go hiking
- 볼링을 치다 to go bowling
- 국내 여행 domestic travel
- 청혼하다 to propose
- 유학을 가다 to study overseas
- 사업 business

02 –아/어 주다

16

다른 사람을 위해서 어떤 일을 할 때 어떻게 말할까요?
How do we express the idea of a person doing something for someone else?

마이클은 아파서 병원에 있습니다. 그래서 제임스는 마이클을 위해서 전화를 받아 주었습니다. 그리고 미셸은 텔레비전을 켜 주었습니다. 창호는 책을 읽어 주었습니다.

문법

V + 아/어 주다

–아/어 주다 is an expression used to indicate that a person is doing something for someone else.

어간 'ㅏ', 'ㅗ' + 아 주다 예 닫아 주다　　그 밖의 어간 + 어 주다 예 읽어 주다

연습

다음을 사용하여 다른 사람에게 부탁해 보세요.
Ask another person to do the following things for you.

사진을 찍다 · 창문을 닫다 · 사전을 빌리다 · 짐을 들다 · 책을 찾다

보기

①

②

③

④

A 수진 씨, 사진 좀 찍어 주세요.
B 네. 사진기 주세요.

- 전화를 받다
  to answer the phone
- (TV를) 켜다
  to turn on (the TV)
- 짐을 들다
  to carry a load/baggage

03 -(으)ㄹ게요

가까운 사람에게 약속하듯이 이야기할 때 어떻게 말할까요?
How do you say you will do something when speaking with someone close to you?

A 지금 통화할 수 있어요?

B 미안해요. 지금 지하철 안이에요. 제가 나중에 전화할게요.

문법

V + (으)ㄹ게요

-(으)ㄹ게요 is an expression used to indicate one's intent to do something or make a promise to do something.

consonant + 을게요 ㉥ 앉을게요
vowel, ㄹ + ㄹ게요 ㉥ 갈게요, 만들게요

연습

다음 상황에 맞게 상대방에게 약속해 보세요.
Look at the table and promise to do something according to each situation.

다음부터 일찍 오다 · 이사를 도와주다 · 나중에 다시 걸다
지금 바로 담배를 끄다 · 내일 전자사전을 돌려주다 · 떠들지 않다

보기	왜 또 늦었어요? 지금이 몇 시예요?
①	제 전자사전 언제 돌려줄 거예요?
②	손님, 죄송하지만 이곳은 금연석이에요.
③	주말에 이사하려고 하는데요. 혹시 토요일에 시간 좀 있어요?
④	왕카이는 지금 없는데요. 2시쯤 들어올 거예요.
⑤	조용히 좀 해 주세요. 바로 옆방에서 아기가 자고 있어요.

A 왜 또 늦었어요? 지금이 몇 시예요?

B 미안해요. 다음부터 일찍 올게요.

- 통화하다 to talk on the phone
- 나중에 later
- 일찍 early
- 담배를 끄다 to put out a cigarette
- 돌려주다 to return
- 떠들다 to make a noise
- 금연석 non-smoking seat
- 조용하다 to be quiet
- 옆방 room next door

어휘

전화 관련 어휘 Telephone Related Words 18

전화를 걸다

전화를 받다

전화를 끊다

전화를 바꿔 주다

전화를 잘못 걸다

통화하다

통화 중이다

문자를 보내다

문자를 확인하다

Part 2

들어 봅시다

전화로 예약하는 대화 듣기 Listening to a conversation about making a reservation by phone

01 마이클은 어디에 전화를 했을까요? 식당 예약을 할 때 무엇을 말할까요? 서로 이야기해 보세요. Who did Michael call? How do we make restaurant reservations on the phone? Discuss with your classmates.

02 다음은 전화로 식당에 예약하는 대화입니다. 잘 듣고 메모해 보세요. 19

Someone is making a restaurant reservation. Listen carefully to the conversation and write down the necessary information.

예 약

- 이름 : 마이클
- 연락처 : 010-1803-3849
- 날짜 : ( ) 월 ( ) 일
- 시간 : ( ) 시
- 인원 : ( ) 명
- 자리 : (금연석 / 흡연석)
  (창가 / 입구)

표현

- 연락처 contact number
- 인원 number of people
- 자리 seat
- 흡연석 smoking seat
- 창가 by the window
- 입구 entrance

■ 자리 요청하기 Requesting a certain type of seat

금연석으로 부탁합니다.
금연석으로 예약해 주세요.
창가 쪽 자리가 좋은데요.
창가 쪽 자리를 주세요.

말해 봅시다

전화로 메모 남기기 Leaving a message by phone

동창 모임이 취소되어서 친구에게 알려 주려고 합니다. 친구의 회사에 전화를 걸어서 메모를 남기세요. Your alumni meeting has been canceled and you're going to call your friend to let him/her know. Call your friend's office and leave a message.

Try it!

말풍선을 따라 대화를 구성해 보세요.
Look at the speech balloons and make up a dialogue.

이소라	마이클
Write down a message for your colleague Richard.	Call Richard and leave a message.

1. 전화 걸기

- 이소라: 국민회사
- 마이클: 여보세요? 거기 국민회사 인사과? 리처드 스미스 씨 | 바꾸다?

2. 메모 부탁하기

- 이소라: 자리 | 안 계시다 회의 중
- 마이클: 자리에 돌아오다 + 메모 | 전하다

3. 메모 내용 말하기

- 이소라: 말씀하세요
- 마이클: 저 | 마이클 내일 동창 모임 | 취소됐다 저 | 저녁 | 다시 전화하다

4. 인사하기

- 이소라: 메모 전해 드리다
- 마이클: 감사하다 안녕히 계세요

표현

■ 전화 걸기 Making a phone call

A: 여보세요? 거기 김수진 씨 집이지요?
B: 네, 그런데요.

■ 전화해서 사람 찾기 Asking to speak to someone on the phone

A: 리처드 씨 계십니까?
B: 네, 전데요. 실례지만 누구세요?

A: 리처드 씨 좀 바꿔 주세요. / 리처드 씨 좀 바꿔 주시겠어요?
B: 지금 안 계신데요.

■ 메모 부탁하기 Asking someone to take a message

메모 좀 전해 주세요.
메모 좀 부탁합니다.
메모 좀 전해 주시겠어요?

대화

20

이소라	국민회사입니다.
마이클	여보세요? 거기 국민회사 인사과지요? 리처드 스미스 씨 좀 바꿔 주시겠어요?
이소라	지금 자리에 안 계신데요. 회의 중이에요.
마이클	그래요? 자리에 돌아오면 메모 좀 전해 주세요.
이소라	네, 말씀하세요.
마이클	저는 리처드 씨의 대학교 동창 마이클이에요. 내일 동창 모임이 취소됐어요. 제가 저녁에 다시 전화할게요.
이소라	네, 메모 전해 드리겠습니다.
마이클	감사합니다. 안녕히 계세요.

확장

친구의 집에 전화를 걸어 메모를 남겨 보세요.
Call a friend's house and leave a message.

· 인사과 **personnel department** · 자리에 안 계시다 **to not be present** · 회의 중 **in a meeting**
· 메모를 전하다 **to give a message** · 동창 **alumnus** · 취소되다 **to be canceled**

읽고 써 봅시다

송별회 계획에 대한 글 읽고 쓰기 Reading and writing about plans for a farewell party

01 다음은 무엇을 메모한 것입니까? 서로 이야기해 보세요.
What is this memo about? Discuss with your classmates.

송별회 계획	시간: 금요일 저녁 5시 장소: 요코 씨 집 준비: 여러 나라 음식, 음료수, 케이크, 꽃다발 올 사람: 우리 반 친구들, 한국 친구들, 선생님 등

02 다음은 친구의 송별회 계획에 대한 글입니다. 잘 읽고 물음에 답하세요. 21
Read the following passage about plans for a farewell party for a friend and answer the questions.

송별회 계획

이번 학기가 끝나면 우리 반 잔느 씨가 프랑스로 돌아갑니다. 그래서 저와 반 친구들은 이번 토요일 6시에 잔느 씨 송별회를 해 주려고 합니다.

송별회 장소는 학교 앞 이화 호프입니다. 우리는 멋있는 계획을 많이 세웠습니다. 율리아 씨가 크고 맛있는 케이크를 준비할 겁니다. 그리고 잔느 씨에게 우리 반 앨범을 선물해 주고 싶어서 요코 씨하고 마이클 씨가 함께 앨범을 만들고 있습니다. 저는 꽃다발을 준비할 겁니다. 이치로 씨는 노래를 불러 줄 겁니다. 그래서 이치로 씨는 지금 열심히 노래 연습을 하고 있습니다.

우리 반 친구들은 1주일 동안 송별회 준비를 했습니다. 잔느 씨는 깜짝 놀랄 겁니다. 그리고 아주 기뻐할 겁니다.

(1) 송별회는 언제, 어디입니까?

시간: (   )요일 (   ) 시   장소: (   )

(2) 맞는 것에 ✓표 하세요.

① 요코 씨와 마이클 씨는 선물로 앨범을 샀습니다. 네 ____ 아니요 ____

② 이치로 씨는 송별회에서 노래를 부를 겁니다. 네 ____ 아니요 ____

- 계획을 세우다 to make a plan
- 앨범 album
- 연습 practice

03 여러분은 친구에게 송별회를 해 주려고 합니다. 송별회 계획을 세우고 글로 써 보세요.
You want to throw a farewell party for a friend. Write down your plans for the party.

제4과

생일 파티

Birthday Party

제4과 생일 파티 Birthday Party

Part 1

준비합시다 1	-(으)ㄴ/는
준비합시다 2	-거나
준비합시다 3	-(는)군요
어휘	특별한 생일 Special Birthday
	초대 Invitation

Part 2

들어 봅시다	돌잔치에 대한 대화 듣기 Listening to a conversation about a first birthday party
말해 봅시다	생일 파티 초대하기 Inviting someone to a birthday party
읽고 써 봅시다	노래를 신청하는 사연의 글 읽고 쓰기 Reading and writing a letter to request a song on the radio

Part 1

준비합시다

01 -(으)ㄴ/는

어떤 사람을 좋아하는지 설명할 때 어떻게 말할까요?
How do you describe the type of person you like?

A 요코 씨는 어떤 사람을 좋아해요?

B 키가 큰 사람을 좋아해요. 그리고 친절한 사람을 좋아해요.

문법

A + (으)ㄴ/는 + N

-(으)ㄴ/는 is added to the end of adjectives to modify a noun and indicates the present state of that noun.

consonant + 은 예 작은, 많은, 높은
vowel, ㄹ + ㄴ 예 큰, 긴
있다, 없다 + 는 예 있는, 없는, 재미있는

연습

다음을 보고 좋아하는 것에 대해 묻고 대답해 보세요.
Look at the table and ask and answer the questions about the qualities that you like.

		사람	음식	자동차	하숙집
보기	티엔	마음이 따뜻하다	맵다	멋있다	조용하다
①	안드레아	똑똑하다	싱겁다	크다	가깝다
②	진차오	예쁘고 착하다	짜다	안전하다	넓다
③	수잔	재미있다	달다	작고 싸다	깨끗하다

A 티엔 씨, 어떤 사람을 좋아해요?

B 저는 마음이 따뜻한 사람을 좋아해요.

- 마음이 따뜻하다 to be warm-hearted
- 똑똑하다 to be smart
- 착하다 to be good-natured
- 안전하다 to be safe
- 넓다 to be wide
- 깨끗하다 to be clean

02 -거나

두 가지 행동 중에서 하나를 선택해서 말할 때 어떻게 말할까요?
How do you say when you make a choice between two behaviors?

A 공부가 힘들 때는 어떻게 해요?

B 음악을 듣거나 잠깐 자요.

문법

A/V + 거나

-거나 is used to select from two actions or situations.

consonant + 거나 예 작거나, 먹거나
vowel + 거나 예 크거나, 가거나

연습

다음 상황에서는 보통 어떤 일들을 합니까? '-거나'를 사용해서 묻고 대답해 보세요.
Ask and answer the questions about what to do in the following situations using -거나.

		상황	하는 일
보기	티엔	스트레스가 쌓이다	옷장 정리를 하다, 밀린 빨래를 하다
①	미셸	멀미가 나다	바람을 쐬다, 잠을 자다
②	나타샤	허리가 아프다	스트레칭을 하다, 찜질하다
③	마이클	할 일이 밀렸다	야근하다, 동료에게 부탁하다
④	이치로	수업 중에 졸리다	밖에 나가서 세수하다, 물을 마시다
⑤	왕카이	가족들이 보고 싶다	이메일을 쓰다, 집에 전화하다

A 티엔 씨, 스트레스가 쌓일 때는 보통 어떻게 해요?

B 옷장 정리를 하거나 밀린 빨래를 해요.

- 스트레스가 쌓이다 **to be stressed out**
- 옷장 **wardrobe**
- 정리 **arrangement**
- 멀미가 나다 **to get motion sickness**
- 바람을 쐬다 **to expose to air**
- 스트레칭 **stretching**
- 찜질하다 **to apply hot compress**
- 졸리다 **to get sleepy**
- 야근하다 **to be on night work**
- 빨래 **laundry**
- 밀리다 **to be left undone**

03 –(는)군요

음식을 먹은 후에 맛이나 느낌을 말할 때 어떻게 말할까요?
How do you say when you express the taste of food?

A 나타샤 씨, 이 식혜 좀 드세요. 식혜가 아주 시원해요.

B 정말 시원하고 맛있군요.

문법

A/V + (는)군요

–(는)군요 is an exclamation for when you learn something new. It is usually said during the conversation or while seeing or hearing a scene or situation. It can be substituted with –네요.

A + 군요	예 예쁘군요, 많군요	V + 는군요	예 가는군요, 먹는군요
A/V + 았/었군요	예 예뻤군요, 갔군요	N + (이)군요	예 의사군요, 학생이군요

연습

다음 상황을 보고 '–(는)군요'를 사용해서 말해 보세요.
Talk about the following situations using –(는)군요.

보기

단풍이 멋있다

①

한복이 화려하다

②

밖에 눈이 오다

③

감기에 걸렸다

④

오늘 왕카이 씨 생일이다

- 식혜 sweet drink from fermented rice
- 시원하다 to be refreshing
- 화려하다 to be splendid

어휘

특별한 생일 Special Birthday

25

돌

환갑

칠순

초대 Invitation

장을 보다

음식을 차리다

손님을 대접하다

집을 방문하다

손님을 마중하다

손님을 배웅하다

Part 2

들어 봅시다

돌잔치에 대한 대화 듣기 Listening to a conversation about a first birthday party

01 다음은 언제 찍은 사진일까요? 이날에 무엇을 할까요? 서로 이야기해 보세요.
On what occasion do you think this picture was taken? Talk about what people do on that day.

02 다음은 나타샤 씨와 박영민 씨의 대화입니다. 잘 듣고 물음에 답하세요. 26
Listen carefully to the conversation between Natasha and Park Youngmin and answer the questions.

(1) 박영민 씨는 무슨 잔치에 갔습니까?

① 친구의 생일을 축하하는 잔치
② 아기의 장래를 추측해 주는 잔치
③ 조카의 첫 번째 생일을 축하하는 잔치

(2) 박영민 씨의 조카가 잡은 돌잡이 물건과 그 의미가 맞지 않는 것은 무엇입니까?

① 돈 – 부자가 될 것이다.
② 청진기 – 오래 살 것이다.
③ 연필 – 공부를 잘할 것이다.

(3) 맞는 것에 ✓표 하세요.

① 박영민 씨는 지난 주말에 집에 친구들을 초대했다. 네 ____ 아니요 ____
② 박영민 씨 조카의 돌잡이 물건에는 청진기가 있었다. 네 ____ 아니요 ____
③ 나타샤 씨는 돌잡이에 대해서 잘 안다. 네 ____ 아니요 ____

- 잔치 party
- 장래 future
- 조카 nephew or niece
- 잡다 to grab
- 돌잡이 articles laid out for the baby to pick from
- 청진기 stethoscope
- 부자 rich person
- 추측하다 to guess

말해 봅시다

생일 파티 초대하기 Inviting to a birthday party

다음 주 토요일이 친구의 생일입니다. 친구를 생일 파티에 초대해 보세요.
Your friend's birthday is coming up next Saturday. Invite another friend to the birthday party.

Try it!

말풍선을 따라 대화를 구성해 보세요.
Look at the speech balloons and make up a dialogue.

티엔
Give Michelle's birthday party at her house and invite Sujin.

김수진
Listen to the Tien's plan and accept the invitation.

1. 주말 계획 묻기

2. 생일 파티 초대하기

3. 파티 계획 이야기하기

4. 약속하기

표현

■ 주말 계획 묻기 Asking about plans on weekend

주말에 시간이 있어요?
주말에 약속이 있어요?
주말에 특별한 계획이 있어요?

대화

27

티엔	수진 씨, 이번 토요일 저녁 7시에 시간이 있어요?
김수진	10월 27일요? 네, 시간이 있어요. 그런데 왜요?
티엔	우리 반 미셸 씨 생일이라서 생일 파티를 할 거예요. 수진 씨도 오세요.
김수진	네, 좋아요. 어디에서 생일 파티를 할 거예요?
티엔	우리 집에서 할 거예요. 마이클 씨가 케이크를, 율리아 씨가 음료수를 준비할 거예요. 그리고 제가 장을 보고 음식을 차릴 거예요.
김수진	정말 재미있겠군요.
티엔	그리고 함께 저녁을 먹은 후에 노래방에 갈 거예요. 신나는 노래를 부를 거예요.
김수진	좋아요. 그럼 토요일 7시에 봐요.

확장

반 친구들을 파티에 초대하는 대화를 해 보세요.
Have a conversation inviting friends to a party.

· 신나다 to be excited

읽고 써 봅시다

노래를 신청하는 사연의 글 읽고 쓰기 Reading and writing a letter to request a song on the radio

01 여러분은 라디오 음악 방송에 노래를 신청하는 글을 쓴 경험이 있습니까?
Have you ever sent a letter to request a song on a radio show?

02 다음은 라디오 음악 방송에 보낸 사연입니다. 잘 읽고 물음에 답하세요. 28
Read the following message sent in to a radio show and answer the questions.

사연과 신청곡

사랑과 우정 사이

작성자: 김수진[whp4563] 작성일: 2016.5.12. 조회: 6 번호: 3083

안녕하세요? 승우 오빠. 항상 방송 잘 듣고 있습니다. 다음 주 목요일이 제가 짝사랑하는 이성 친구의 생일입니다. 그 친구의 생일을 축하해 주고 싶어서 이렇게 글을 씁니다.

그 친구는 저와 오래 전부터 알고 지냈습니다. 어릴 때부터 같이 놀아서 마음도 잘 통했습니다. 대학교에 들어가서도 같이 자주 밥을 먹거나 영화를 봤습니다. 그런데 요즘 그 친구가 남자로 보입니다. 그 친구에게 멋진 생일 선물을 해 주고 싶습니다. 신청곡은 피노키오의 '사랑과 우정 사이'입니다.

수정 삭제 답글 글쓰기 목록

(1) 여자는 왜 노래를 신청했습니까?

____

(2) 다음 중 맞는 것을 고르세요.

① 사연을 쓴 여자는 이성 친구에게 첫눈에 반했다.

② 사연을 쓴 여자는 이성 친구에게 사랑을 고백했다.

③ 사연을 쓴 여자와 이성 친구는 옛날부터 친한 친구이다.

- 사연 story
- 신청곡 (song) request
- 짝사랑하다 to have a crush on
- 이성 친구 friend of the opposite sex
- 마음이 통하다 to think the same way
- 보이다 to look (like)
- 우정 friendship
- 첫눈에 반하다 to fall in love at first sight
- 고백하다 to confess

03 라디오 음악 방송 홈페이지에 신청곡과 사연을 쓰세요. Write a message to request a song with your story to be posted on the website of the radio show.

제5과

지켜야 할 규칙

Rules to Follow

제5과 지켜야 할 규칙 Rules to Follow

Part 1

준비합시다 1	–아/어도 되다
준비합시다 2	–(으)면 안 되다
준비합시다 3	–지만
어휘	금지 표시 Prohibition Sign

Part 2

들어 봅시다	한국어 수업 규칙에 대한 안내 듣기 Listening to an introduction about Korean language class rules
말해 봅시다	등산할 때 주의 사항 알려 주기 Informing people of the precautions when hiking
읽고 써 봅시다	규칙을 어긴 경험담 읽고 쓰기 Reading and writing about breaking the rules

Part 1

준비합시다

01 –아/어도 되다

29

어떤 일을 하기 전에 허락을 구할 때 어떻게 말할까요?
How do you ask for permission before doing something?

A 이거 먹어도 돼요?

B 물론이에요. 드세요.

문법

A/V + 아/어도 되다

–아/어도 되다 is an expression indicating permission or approval. –아도 괜찮다, –아도 좋다, –아도 상관없다 are all used in a similar way.

어간 'ㅏ', 'ㅗ' + 아도 되다	예 가도 되다, 와도 되다
그 밖의 어간 + 어도 되다	예 써도 되다, 먹어도 되다
※하다 → 해도 되다	예 구경해도 되다

연습

다음 상황에서 허락을 구하는 말을 해 보세요.
Ask for permission in the following situations.

보기

들어가다

A 들어가도 돼요?

B 네, 들어오세요.

①

읽다

②

주차하다

③

빈자리에 앉다

④

휴대 전화를 사용하다

- 물론이다 of course
- 드시다 to eat (honorific form)
- 빈자리 empty seat
- 사용하다 to use

02 -(으)면 안 되다

30

박물관이나 영화관과 같은 공공장소에서 금지된 행위에 대해 말할 때 어떻게 말할까요?
How do you say that certain behavior is banned at public places such as museums and cinemas?

A 여기에서 사진을 찍으면 안 됩니다.

B 죄송합니다. 몰랐습니다.

문법

A/V + (으)면 안 되다

-(으)면 안 되다 indicates that certain behavior is banned or restricted.

consonant + 으면 안 되다 예 먹으면 안 되다
vowel, ㄹ + 면 안 되다 예 하면 안 되다, 만들면 안 되다

연습

다음 장소에서 어떤 행위가 허용되는지 묻고 대답해 보세요.
Ask and answer the questions about the kind of behavior that is permitted in the following places.

	장소	금지된 일
보기	병실	담배를 피우다
①	교실	김밥을 먹다
②	기숙사	애완동물을 키우다
③	미술관	그림을 만지다
④	영화관	큰 소리로 말하다
⑤	도서관	휴대 전화를 사용하다

A 병실에서 담배를 피워도 돼요?

B 아니요, 병실에서는 담배를 피우면 안 돼요.

- 병실 hospital room
- 담배를 피우다 to smoke a cigarette
- 애완동물 pet
- 키우다 to raise
- 미술관 art gallery
- 만지다 to touch
- 큰 소리 loud noise

03 –지만

서로 대조되거나 반대되는 내용을 말할 때 어떻게 말할까요?
How do you say to contrast or differentiate two aspects of a thing or situation?

A 남대문 시장에 가 봤지요? 어때요?

B 사람이 많아서 복잡하지만 재미있어요.

문법

A/V + 지만

–지만 is used when the contexts of the previous and following sentences are the contrary. In the case of past tense form, –았지만 is used if the last vowel of the word stem is ㅏ or ㅗ, while –었지만 is used with all the other vowels.

consonant + 지만 예 작지만, 먹지만
vowel + 지만 예 피곤하지만, 가지만
past: 았/었지만 예 작았지만, 먹었지만, 피곤했지만, 갔지만

연습

다음을 보고 서로 반대되는 특징을 말해 보세요.
Talk about the contrary aspects of the following things using –지만.

		장점	단점
보기	한국어 수업	재미있다	조금 어렵다
①	한복	예쁘다	불편하다
②	KTX	빠르다	요금이 비싸다
③	학생 식당 음식	싸고 맛있다	종류가 다양하지 않다
④	학교 앞 하숙집	아주머니가 친절하다	방이 좁다

A 한국어 수업은 어때요?

B 재미있지만 조금 어려워요.

- 복잡하다 to be complicated
- 불편하다 to be uncomfortable
- 빠르다 to be fast
- 요금 fare
- 종류 kind
- 좁다 to be narrow
- 디자인 design
- 색깔 color
- 마음에 들다 to like

어휘

금지 표시 Prohibition Sign 32

촬영 금지

녹음 금지

휴대 전화 사용 금지

흡연 금지

출입 금지

취사 금지

주차 금지

좌회전 금지

우회전 금지

Part 2

들어 봅시다

한국어 수업 규칙에 대한 안내 듣기 Listening to an introduction about Korean language class rules

01 학교에는 여러 규칙이 있습니다. 어떤 규칙이 있을까요?
School has his own regulations. Look at the following picture and talk about the school regulations.

02 다음은 한국어 수업 규칙에 대한 안내입니다. 잘 듣고 물음에 답하세요.
Listen to the following introduction about Korean language class rules and answer the questions.

(1) 선생님은 무엇을 이야기하고 있습니까?

① 동아리 가입에 대해서 알려 주는 말

② 다양한 문화 수업에 대해서 안내하는 말

③ 수업 시간의 주의 사항에 대해서 알려 주는 말

(2) 이 학교에 대한 설명으로 맞는 것은 무엇입니까?

① 9시 이후에 오면 지각이다.

② 교실에서는 흡연 금지이다.

③ 교실에서 커피를 마시면 안 된다.

(3) 맞는 것에 ✔표 하세요.

① 지각 4번은 결석 1번과 같다. 네 _____ 아니요 _____

② 문화 수업에서 다른 나라 친구들을 사귈 수 있다. 네 _____ 아니요 _____

- 규칙 rule
- 가입 join
- 주의 사항 precautions
- 지각 lateness
- 흡연 smoking

말해 봅시다

등산할 때 주의 사항 알려 주기 Informing people of the precautions when hiking

등산 동호회의 오리엔테이션입니다. 신입 회원에게 등산할 때 주의 사항에 대해서 알려 주세요. An orientation session is being held at the hiking club. Tell the new members what they should be careful of when hiking.

Try it!

말풍선을 따라 대화를 구성해 보세요.
Look at the speech balloons and make up a dialogue.

왕카이
Tell about things to be careful of when hiking.

리처드
Ask about things to be careful of when hiking.

1. 등산 일정 확인하기

2. 준비물 알려 주기

3. 주의 사항 알려 주기

4. 다른 주의 사항 알려 주기

표현

■ 주의 사항 묻기 Asking about matters to watch out for

무엇을 주의해야 합니까?
어떤 주의 사항이 있습니까?
어떤 점에 주의해야 합니까?

대화

34

왕카이 이번 토요일에 우리 등산 동호회에서 북한산에 가는 거 알지요?
모두 9시까지 학교 정문으로 오세요.

리처드 그런데 뭘 준비해야 돼요?

왕카이 등산화를 신고, 모자를 쓰세요.
내일 아침에 쌀쌀하면 긴 옷을 가져오세요.

리처드 산에서 밥을 해도 돼요?

왕카이 아니요. 산에서 불을 사용하면 안 돼요. 취사 금지예요.
도시락을 가져오세요.

리처드 또 뭘 주의해야 돼요?

왕카이 산에서 쓰레기를 버리면 안 돼요.
그리고 담배를 피우면 안 돼요.

리처드 네, 잘 알겠습니다.

확장

반 친구와 공공장소에서의 주의 사항에 대해 말해 보세요.
With your classmates talk about matters to watch out for in a public place.

· 동호회 club · 북한산 (Mt.) Bukhansan · 등산화 hiking shoes · 밥을 하다 to cook a meal · 도시락 lunch box
· 주의하다 to be careful

읽고 써 봅시다

규칙을 어긴 경험담 읽고 쓰기 Reading and writing about breaking the rules

01 다음은 기숙사 이용 안내문입니다. 이 기숙사에는 어떤 규칙이 있습니까?
Look at the following dormotory notice and talk about its rules.

기숙사 이용 안내문

1. 220V만 사용하세요.
2. 방 안에서 불을 사용하지 마세요.
3. 기숙사에 친구들을 데리고 오지 마세요.

02 다음은 왕카이 씨가 기숙사에서 규칙을 어긴 일을 쓴 글입니다. 잘 읽고 물음에 답하세요. Read the following passage about Wangkai breaking the domitory rules and answer the questions. 35

우리 기숙사의 규칙

지난 주말에 중국에서 친구 두 명이 한국에 왔습니다. 우리는 맛있는 저녁도 먹고 명동에서 쇼핑도 했습니다. 그 후에 우리는 조금 피곤해서 쉬고 싶었습니다. 그래서 저는 친구들을 제 방으로 데리고 갔습니다. 기숙사에 다른 사람을 데리고 가면 안 되지만 친구들에게 제 방을 보여 주고 싶었습니다.

우리는 고향 음식도 먹고 고향 사진도 봤습니다. 한참 후에 시계를 봤는데 벌써 새벽 두 시 반이었습니다. 너무 늦어서 친구들과 제 방에서 같이 잤습니다. 그리고 다음 날 아침 여덟 시쯤 우리는 기숙사에서 몰래 나왔습니다. 저는 기숙사 규칙을 어겨서 불안했지만 우리가 나오는 것을 본 사람이 없어서 안심이 되었습니다. 그런데 오늘 수업 후에 기숙사 제 방문에 "왕카이 씨는 기숙사에 돌아오면 1층 사무실로 오세요."라는 메모가 있었습니다. 그 메모를 읽고 깜짝 놀랐습니다.

주말에 저와 친구들이 방에 들어가는 것을 누가 봤을까요? 아, 어떻게 하면 좋을까요?

(1) 왕카이 씨가 어긴 기숙사의 규칙을 써보세요.

____

(2) 맞는 것에 ✔표 하세요.

① 기숙사에 살지 않는 사람들도 기숙사에 들어올 수 있다. 네 ____ 아니요 ____

② 왕카이 씨 친구들은 새벽에 집으로 돌아갔다. 네 ____ 아니요 ____

- 어기다 **to break, to violate**
- 하룻밤 **overnight**
- 친하다 **to be close with**
- 데리고 가다 **to take (somebody) along**
- 새벽 **dawn**
- 몰래 **secretly**
- 불안하다 **to be anxious**
- 안심이 되다 **to be relieved**
- 방문 **room door**

03 여러분은 규칙을 어긴 경험이 있습니까? 규칙을 어긴 경험에 대한 글을 써 보세요.
Have you ever violated the rules? Write about it.

제6과

나의 취미

My Hobby

제6과 나의 취미 My Hobby

Part 1

준비합시다 1	–는
준비합시다 2	–(으)ㄴ/(으)ㄹ
준비합시다 3	–아/어 보다
어휘	취미 Hobbies

Part 2

들어 봅시다	취미 생활에 대한 대화 듣기 Listening to a conversation on hobbies
말해 봅시다	동아리 활동에 대해 소개하기 Introducing club activities
읽고 써 봅시다	동호회를 소개하는 글 읽고 쓰기 Reading and writing about introducing clubs

Part 1

준비합시다

01 -는

36

현재 일어나는 사건이나 행위를 어떻게 말할까요?
How do we talk about an incident or action that is currently taking place?

A 저기 노래 부르는 사람이 누구예요?

B 제 친구 마이클이에요.

문법

V + 는 + N

-는 is attached to the end of a verb to modify the noun and indicates that an incident or action is currently taking place.

consonant + 는 예 읽는 책

vowel, ㄹ + 는 예 가는 곳, 사는 도시

연습

다음을 보고 묻고 대답해 보세요.
Look at the table below and ask and answer the questions.

	항목	종류		
보기	텔레비전 프로그램	드라마	뉴스	코미디
①	음악	팝송	대중가요	클래식
②	책	잡지	소설	만화
③	사람	동창	학교 선배	남자 친구
④	옷	청바지	운동복	정장

A 요즘 자주 보는 텔레비전 프로그램이 뭐예요?

B 제가 자주 보는 것은 드라마예요.

- 코미디 comedy
- 팝송 pop song (foreign)
- 대중가요 pop song (Korean)
- 클래식 classical music
- 잡지 magazine
- 소설 novel
- 만화 comics
- 선배 senior (at school/work)
- 청바지 jeans
- 운동복 sports wear
- 정장 formal wear

02 -(으)ㄴ/(으)ㄹ

37

과거에 일어난 사건이나 행위를 어떻게 말할까요? 그리고 미래의 사건이나 행위에 대해서 어떻게 말할까요? How do we refer to a past or future incident or action?

작년에 우리 가족이 간 곳은 제주도예요. 그리고 이번 휴가에 갈 곳은 설악산이에요.

문법

V + (으)ㄴ + N

-(으)ㄴ is attached to the end of the verb to modify the noun and indicates an incident or action that took place in the past.

consonant + 은 예 먹은 음식 vowel, ㄹ + ㄴ 예 본 영화, 만든 옷

V + (으)ㄹ + N

-(으)ㄹ is attached to the end of the verb to modify the noun and indicates an incident or action that will take place in the future.

consonant + 을 예 먹을 음식 vowel, ㄹ + ㄹ 예 볼 영화, 만들 옷

연습

다음을 보고 지난번 축제와 다음 축제에 대해 묻고 대답해 보세요.
Look at the table below and ask and answer the questions about the past and the future festival.

		지난번 축제	다음 축제
보기	사회를 보다	나타샤	마이클, 리하오
①	프로그램을 만들다	요코	미셸
②	음악을 준비하다	왕카이	이치로
③	사진을 찍다	티엔, 안드레아	선생님
④	초대장을 보내다	선생님	수잔, 리처드

A 지난번에 사회를 본 사람은 누구예요?
B 나타샤예요.

A 다음에 사회를 볼 사람은 누구예요?
B 마이클과 리하오예요.

사회를 보다
to be the emcee

03 -아/어 보다

38

여러분이 시도했거나 경험한 것에 대해서 어떻게 말할까요?
How do you talk about something you have attempted or experienced?

A 제주도에 가 봤어요?

B 아니요, 아직 못 가 봤어요.

A 제주도는 정말 아름다워요. 꼭 한번 가 보세요.

문법

V + 아/어 보다

-아/어 보다 is an expression that indicates an action that has been attempted or experienced.

어간 'ㅏ', 'ㅗ' + 아 보다 예 가 보다, 와 보다　　그 밖의 어간 + 어 보다 예 먹어 보다
※하다 → 해 보다 예 구경해 보다

연습

다음 사람들이 한국 생활에서 무엇을 경험했는지 묻고 대답해 보세요.
Ask and answer the questions about the things the following people have experienced in Korea.

		도자기를 만들다	찜질방에 가다	삼계탕을 먹다	김치를 담그다	한복을 입다
보기	이치로	○	×	○	×	○
①	미셸	×	○	×	○	○
②	티엔	○	×	○	○	×
③	왕카이	○	○	○	×	×
④	나타샤	×	○	○	×	○

A 이치로 씨, 도자기를 만들어 봤어요?
B 네, 만들어 봤어요. 아주 재미있었어요.

A 그러면 찜질방에 가 봤어요?
B 아니요, 아직 못 가 봤어요.

- 아름답다 to be beautiful
- 도자기 pottery
- 찜질방 sauna
- 김치를 담그다 to make kimchi

어휘

취미 Hobbies

39

사진 찍는 것
사진 찍기

등산하는 것
등산하기

그림 그리는 것
그림 그리기

우표 모으는 것
우표 모으기

영화 보는 것
영화 보기

음악 듣는 것
음악 듣기

피아노 치는 것
피아노 치기

여행하는 것
여행하기

수영하는 것
수영하기

들어 봅시다

취미 생활에 대한 대화 듣기 Listening to a conversation on hobbies

01 두 사람은 무엇에 대해 이야기하고 있을까요? 서로 이야기해 보세요.
What are the two people below talking about? Take turns giving an opinion.

02 다음은 취미 생활에 대한 대화입니다. 잘 듣고 물음에 답하세요. 40
Two people are talking about their hobbies. Listen carefully to the conversation and answer the questions.

(1) 이치로 씨의 취미는 무엇입니까?

① 수영과 농구
② 여행과 운동
③ 등산과 그림 그리기

(2) 마이클 씨의 취미 생활에 대한 설명으로 맞는 것은 무엇입니까?

① 학교 선생님한테서 그림을 배웠습니다.
② 운동을 잘 못해서 운동을 그만두었습니다.
③ 여행을 좋아하지만 요즘은 바빠서 못 갑니다.

(3) 맞는 것에 ✓표 하세요.

① 이치로 씨는 다음 주부터 그림을 배울 겁니다. 네 ______ 아니요 ______
② 이치로 씨는 대학교에서 그림에 대한 수업을 들었습니다. 네 ______ 아니요 ______

- 취미 **hobby**
- 그만두다 **to quit**

말해 봅시다

동아리 활동에 대해 소개하기 Introducing club activities

여러분은 사진 동아리에 가입했습니다. 여러분이 가입한 사진 동아리 활동에 대해 친구에게 소개해 주세요. You have joined the photography club. Tell your friends about the activities of the photography club.

Try it!

말풍선을 따라 대화를 구성해 보세요.
Look at the speech balloons and make up a dialogue.

티엔
Introduce the photography club you have joined.

요코
Ask about the activities of the photography club.

1. 동아리 가입 묻기

동아리 | 가입하다?

아직 안 하다

2. 취미 묻기

취미 | 뭐?

저 | 사진 찍는 것 | 좋아하다

3. 동아리 가입 권유하기

그러면 저 | 가입하다 +
사진 동아리 | 들어오다

사진 동아리 |
뭐 하다?

4. 동아리 활동 말하기

사진 찍는 것 | 배우다
우리 | 찍다 + 사진 | 전시하다

사진 전시회 | 열다?
얼마나 자주 모이다?

5. 모임 알려 주기

일주일 | 한 번 모이다
내일 모임 | 있다
와 보다

내일 가 보다

표현

■ 취미 말하기 Talking about hobbies

A: 취미가 뭐예요?
B: 저는 사진 찍는 걸 좋아해요. / 제 취미는 사진 찍기예요.

■ 동아리 가입 권유하기 Encouraging someone to join a club

사진 동아리에 들어오세요.
사진 동아리에 가입해 보세요.
사진 동아리에 가입하는 게 어때요?

대화

41

티엔	요코 씨, 동아리에 가입했어요?
요코	아니요, 아직 안 했어요.
티엔	요코 씨는 취미가 뭐예요?
요코	저는 사진 찍는 것을 좋아해요.
티엔	그러면 제가 가입한 사진 동아리에 들어오세요.
요코	사진 동아리에서 뭐 해요?
티엔	사진 찍는 것을 배워요. 그리고 우리가 찍은 사진을 전시도 해요.
요코	사진 전시회도 열어요? 사진 동아리는 얼마나 자주 모여요?
티엔	일주일에 한 번 모여요. 내일 모임이 있어요. 한번 와 보세요.
요코	네, 내일 가 볼게요.

발음 **Aspiration ②**

When final consonant's sounds [ㄱ], [ㄷ], [ㅂ], [ㅈ] are followed by ㅎ, they are pronounced as [ㅋ], [ㅌ], [ㅍ], [ㅊ].

가입하다 [가이파다]　　입학 [이팍]

확장

여러분이 가입한 동아리에 대해서 반 친구에게 소개하는 대화를 해 보세요.
Talk about the club you have joined in a conversation with your classmates.

· 가입하다 to join · 들어오다 to join · 전시하다 to exhibit · 전시회를 열다 to hold an exhibition · 모이다 to gather

읽고 써 봅시다

동호회를 소개하는 글 읽고 쓰기 Reading and writing about introducing clubs

01 다음은 동호회 이름입니다. 어떤 활동을 하는 동호회인지 이야기해 보세요.
Below are the names of clubs. Discuss what kind of clubs they might be.

02 다음은 동호회를 소개하는 글입니다. 잘 읽고 물음에 답하세요.
Read the following passage introducing a club and answer the questions.

42

동호회 '사람 사랑'

저는 작년부터 자원봉사 동호회에서 활동하고 있습니다. 우리 동호회 이름은 '사람 사랑'입니다. 우리는 한 달에 한 번씩 토요일에 만납니다. 그리고 부모가 없는 아이들이나 혼자 사는 할머니, 할아버지가 계신 곳에 갑니다. 그리고 아이들과 같이 놀고 할머니, 할아버지와 산책도 합니다. 집안일도 해 주고 목욕도 시켜 줍니다.

처음에는 어려운 사람들에게 도움을 주고 싶어서 이 동호회에 가입했습니다. 그런데 지금은 아닙니다. 아이들과 할머니들, 할아버지들이 저에게 중요한 것들을 가르쳐 주었습니다. 그것은 바로 인생의 의미입니다. 봉사 동호회에서 많은 것을 배웠습니다. 그래서 지금은 이 동호회가 아주 소중합니다. 저는 앞으로 동호회 활동을 계속할 겁니다.

(1) 이 사람은 무슨 동호회에서 활동하고 있습니까?

① 어려운 사람을 돕는 동호회　　② 여러 사람이 같이 공부하는 동호회
③ 새로운 가족을 만들어 주는 동호회

(2) 맞는 것에 ✔표 하세요.

① 이 사람은 동호회 활동에서 배운 것이 많습니다.　　네 ______ 아니요 ______
② 이 동호회는 한 달에 한 번 다른 사람들을 돕습니다.　　네 ______ 아니요 ______

- 자원봉사 volunteer
- 활동하다 to participate in
- 목욕을 시키다 to bathe
- 도움 help
- 인생 life
- 의미 meaning
- 소중하다 to be precious
- 새롭다 to be new

03 여러분이 활동하는 동호회나 알고 있는 동호회를 소개하는 글을 써 보세요.
Write a passage about the club you're involved in or a club that you know of.

APPENDIX

| 부록 |

■ 듣기 지문 및 정답
Listening Script and Answers

■ 찾아보기
Index

듣기 지문 및 정답 Listening Script and Answers

1과

들어 봅시다

리하오 여보세요.
이치로 리하오 씨, 안녕하세요? 이치로예요. 뭐 좀 물어보려고요. 우리 이번 주 금요일에 만나지요? 몇 시예요?
리하오 저녁 7시요. 그날 올 수 있지요?
이치로 네. 그런데 30분 정도 늦을 거예요. 우리가 만나기 전에 학교 선생님을 잠깐 만날 거예요.
리하오 알겠어요. 장소는 알죠? 학교 정문 앞 '커피사랑'요.
이치로 네, 알아요. 그런데 누구누구 와요?
리하오 마이클 씨, 요코 씨가 올 거예요. 나타샤 씨는 러시아에서 부모님이 오셔서 못 와요.
이치로 그래요? 학교에서 출발하기 전에 리하오 씨에게 전화할게요.
리하오 네. 그럼 금요일에 봐요.
이치로 잘 있어요.

2. (1) ① 오후, 7시 ② 학교 정문 앞 '커피사랑' (2) ③ (3) ① 네 ② 네

읽고 써 봅시다

2. (1) ① 네 ② 아니요 (2) ②

2과

들어 봅시다

직원 어서 오세요.
요코 부산행 기차표를 예매하려고 합니다.
직원 언제 출발하실 겁니까?
요코 이번 주 토요일 오후 1시쯤요. 표가 있습니까?
직원 잠깐만요. 손님, 죄송합니다. 오전 11시 이후에는 모두 매진입니다.
요코 그래요? 그럼, 몇 시 표가 있습니까?
직원 오전 10시 새마을호와 10시 50분 KTX만 있습니다.
요코 네…… 가격이 어떻게 됩니까?
직원 KTX는 51,200원이고 새마을호는 41,100원입니다.
요코 그래요? 시간은 얼마나 걸립니까?
직원 KTX는 2시간 50분 걸리고 새마을호는 5시간 걸립니다.
요코 그럼, 10시 50분 KTX로 가야겠네요. KTX로 두 장 주세요.
직원 네, 여기 있습니다. 기차가 출발하기 5분 전까지 도착하셔야 합니다.

2. (1) ④ (2) ④

읽고 써 봅시다

2. (1) 경복궁 → 삼청동 → 청와대 (2) ① 네 ② 아니요 ③ 네

3과

들어 봅시다

직 원 여보세요? 한국 식당입니다.
마이클 12월 24일에 예약하고 싶은데요.
직 원 죄송합니다, 손님. 24일과 25일은 예약이 끝났습니다.
마이클 아, 그래요? 그러면 23일은요?
직 원 23일은 가능합니다.
마이클 그러면 23일 저녁 7시로 예약해 주세요.
직 원 몇 분이세요?
마이클 두 명요. 조용한 창가 쪽 자리로 부탁합니다. 참! 금연석으로 해 주세요.
직 원 네, 그렇게 해 드릴게요. 손님 성함과 연락처를 말씀해 주세요.
마이클 저는 마이클이에요. 전화번호는 010-1803-3849예요.
직 원 창가 쪽, 금연석 자리로 예약되었습니다. 그날 오시면 입구에서 손님의 성함을 말씀해 주세요.
마이클 네, 안녕히 계세요.

2. 12월 23일, 저녁 7시, 두 명, 금연석, 창가

읽고 써 봅시다

2. (1) 시간: 토요일 6시 장소: 학교 앞 이화 호프 (2) ① 아니요 ② 네

4과

들어 봅시다

나타샤 영민 씨, 주말 잘 보냈어요?
박영민 네. 조카 돌잔치에 다녀왔어요.
나타샤 돌잔치요? 돌잔치가 뭐예요?
박영민 아기의 첫 번째 생일을 돌이라고 해요. 돌잔치에는 가족하고 친구들을 초대해요. 맛있는 음식도 먹고 돌잡이도 해요. 나타샤 씨, 돌잡이를 알아요?
나타샤 아니요, 몰라요. 돌잡이가 뭐예요?
박영민 그건 보통 실이나 돈, 쌀, 연필을 놓고 그중에서 아기가 잡은 것을 보고 아기의 장래를 추측하는 거예요.
나타샤 그래요? 어떻게 추측해요?
박영민 실을 잡으면 건강하게 오래 살고 돈이나 쌀을 잡으면 부자가 되고 연필을 잡으면 공부를 잘 할 거라고 생각해요. 그런데 요즘은 컴퓨터 마우스나 청진기도 놓아요. 우리는 청진기까지 5개나 놓았는데 우리 조카는 돈을 잡았어요.
나타샤 그럼 영민 씨 조카는 부자가 되겠군요.

2. (1) ③ (2) ① (3) ① 아니요 ② 네 ③ 아니요

읽고 써 봅시다

2. (1) 생일을 축하해 주고 싶어서 (2) ③

5과

들어 봅시다

선생님 안녕하세요? 여러분을 만나서 정말 반갑습니다. 수업 전에 수업 규칙과 우리 학교에 대해서 안내를 해 드리려고 합니다. 한국어 수업은 9시에 시작합니다. 9시까지 꼭 오세요. 지각하면 안 됩니다. 지각 3번은 결석 1번과 같습니다. 수업 시간에는 한국어로만 말해야 합니다. 수업 시간에 사진을 찍거나 녹음을 하면 안 됩니다. 또 휴대 전화를 사용하면 안 되고 수업 시간에 졸거나 자면 안 됩니다. 교실에서 담배를 피우면 안 됩니다. 그리고 수업 시간에 음식을 먹으면 안 됩니다. 그렇지만 음료수는 마셔도 됩니다. 우리 학교 한국어 수업에는 다양한 문화 수업이 있습니다. 여러분이 한국 문화를 직접 경험할 수 있는 좋은 기회가 될 것입니다. 또 여러 동아리 활동도 있습니다. 동아리에도 가입해서 여러 나라 친구들도 많이 사귀어 보세요. 다시 한 번 여러분을 진심으로 환영합니다.

(1) ③ (2) ③ (3) ① 아니요 ② 아니요

읽고 써 봅시다

(1) 기숙사에 다른 사람을 데리고 가면 안 된다. (2) ① 아니요 ② 아니요

6과

들어 봅시다

마이클 이치로 씨는 시간이 있으면 보통 뭐 해요?

이치로 저는 운동을 해요. 특히 좋아하는 운동은 수영하고 농구예요. 그래서 주말에는 거의 친구들과 운동을 해요. 마이클 씨는 취미가 뭐예요?

마이클 저는 주말에 산이나 바다로 여행 가는 걸 좋아해요. 그리고 그림 그리는 것을 좋아해서 경치가 좋은 곳에 가면 항상 그림을 그려요.

이치로 여행이나 그림 그리는 것도 좋은 취미죠. 그림은 언제부터 그렸어요?

마이클 5년 전부터요. 학교 선생님한테서 배웠어요.

이치로 저도 그림에 관심이 많아요. 배워 보고 싶어요.

마이클 그래요? 그럼 제가 가르쳐 줄게요.

이치로 정말요? 마이클 씨, 그럼 다음 주부터 시작해도 될까요?

마이클 그럼요. 이치로 씨, 편한 시간을 알려 주세요. 전 오후에는 언제든지 괜찮아요.

2. (1) ① (2) ① (3) ① 네 ② 아니요

읽고 써 봅시다

2. (1) ① (2) ① 네 ② 네

찾아보기 Index

지은이 소개 About the Authors

이정란 Lee Jungran — 전 이화여자대학교 언어교육원 특임교수 Former Professor of ELC, Ewha Womans University

이민경 Lee Minkyung — 이화여자대학교 언어교육원 특임교수 Professor of ELC, Ewha Womans University

황선영 Hwang Sunyoung — 이화여자대학교 언어교육원 전임강사 Full-time Instructor of ELC, Ewha Womans University

장세영 Jang Seyoung — 이화여자대학교 언어교육원 강사 Instructor of ELC, Ewha Womans University

황윤정 Hwang Yunjeong — 이화여자대학교 언어교육원 강사 Instructor of ELC, Ewha Womans University

강여림 Kang Yeolim — 이화여자대학교 언어교육원 강사 Instructor of ELC, Ewha Womans University

구재희 Koo Jaehee — 이화여자대학교 언어교육원 강사 Instructor of ELC, Ewha Womans University

권경미 Kwon Kyongmi — 전 이화여자대학교 언어교육원 강사 Former Instructor of ELC, Ewha Womans University

김미영 Kim Miyoung — 전 이화여자대학교 언어교육원 강사 Former Instructor of ELC, Ewha Womans University

김현진 Kim Hyunjin — 이화여자대학교 언어교육원 특임교수 Professor of ELC, Ewha Womans University

박은선 Pak Eunsun — 전 이화여자대학교 언어교육원 강사 Former Instructor of ELC, Ewha Womans University

유선희 Ryu Sunhee — 전 이화여자대학교 언어교육원 전임강사 Former Full-time Instructor of ELC, Ewha Womans University

윤영 Yoon Young — 전 이화여자대학교 언어교육원 전임강사 Former Full-time Instructor of ELC, Ewha Womans University

이미혜 Lee Mihye — 전 이화여자대학교 언어교육원 특임교수 Former Professor of ELC, Ewha Womans University

이수행 Lee Soohaeng — 전 이화여자대학교 언어교육원 전임강사 Former Full-time Instructor of ELC, Ewha Womans University

이인경 Lee Inkyung — 전 이화여자대학교 언어교육원 전임강사 Former Full-time Instructor of ELC, Ewha Womans University

Contents of MP3